Ex libris Bibliothecæ quam Illus:
trissimus Ecclesiæ Princeps. D.
PETRUS DANIEL HUETIUS.
Episc. Abrincensis Domui Professæ
Parif. PP. Soc. Jesu Integrā vivens donavit
An. 1692.

XXXVIII. F

Pai de Cordonnery
d'après Barbier

R. 2530
A.

13623

COPIE

D'VNE LETTRE

Ecrite à un sçavant Religieux.

Pour montrer,

I. Que le Systeme de Monsieur Descartes, & son opinion touchant les bestes, n'ont rien de dangereux.

II. Et que tout ce qu'il en a écrit, semble estre tiré du premier Chapitre de la Genese.

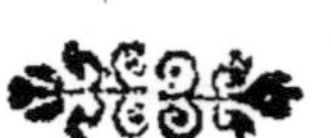

A PARIS,

Chez THEODORE GIRARD, dans la Grand'Salle du Palais, à l'Envie.

M. DC. LXIX.

Auec Permission.

Mon Reverend Pere,

Je sçay bien que Moyse n'a pas écrit la Genese, dans le dessein d'expliquer aux hommes les secrets de la Nature : mais je sçay bien aussi, qu'estant inspiré de Dieu, comme il l'estoit, il ne luy a pas esté possible de rien dire touchant la formation de cet Univers, qui ne soit veritable. Ainsi j'estime que pour trouver les principes d'vne Physique infaillible, il ne les faut chercher que dans l'Histoire qu'il nous a donné de la Creation du Monde ; ou du moins, qu'on doit regarder

com

comme faux, tout ce qui se dit de la Nature , quand il ne peut convenir avec toutes les circonstances de cette Histoire.

Ne vous étonnez donc pas, si je vous renvoye si souvent à la Genese , & si je defere tant aux principes de Monsieur Descartes. La pluspart de ses sentimens sont si conformes à ce que Moyse a dit, qu'il semble qu'il ne soit devenu Philosophe que par la lecture de ce Prophete. Mais afin que vous connoissiez plus aisément combien il y a de rapport entre l'Ecriture & sa Philosophie, j'ay dessein de vous expliquer le premier Chapitre de la Genese à la lettre : & vous verrez que pour cela, je vous diray presque

les

les mesmes choses, que je vous disois dernierement, en vous exposant les principes de Monsieur Descartes.

La seule différence que vous y trouverez, c'est que Monsieur Descartes écrit les choses plus particulierement, & dans le dessein de les faire connoistre en elles mesmes; au lieu que Moyse écrit comme un Historien, qui ne parle de la Nature, qu'autant qu'il le faut pour nous faire admirer la puissance de son Auteur. Ainsi, l'un ne dit que les principales choses, & l'autre va dans un plus grand détail; mais enfin tout ce détail n'est visiblement qu'une explication plus éten-duë, & une suite de ces choses

prin-

principales , dont Moyſe a fait
le recit d'une maniere ſi belle,
ſi conciſe , ſi hardie , & ſi veritable.

Je vous diſois l'autre jour,
que Monſieur Deſcartes dans
le commencement de ſes principes uſe de beaucoup de rai-
ſonnemens, pour montrer qu'il
y a vn Dieu : Que tout ce qui
eſt , n'eſt que par luy : Qu'il a
commencé ce grand Ouvrage,
que nous appellons le Monde,
en creant les corps : Qu'il les a
mûs deſlors , & qu'il continuë
toûjours de les mouvoir. Je
vous diſois auſſi , qu'entre tant
de differences que les figures
peuvent mettre entre les corps,
Monſieur Deſcartes en fait remarquer trois principales :
Qu'il

Qu'il démontre qu'il y en a
une tres - grande quantité qui
font ronds comme des petites
boules ; d'autres affez fubtils
pour remplir les efpaces que
ces boules laiffent entr'elles;&
d'autres encore que leurs figures irregulieres embarraffent
de forte les uns dans les autres,
qu'ils peuvent compofer les
plus grandes maffes.

J'ajoutois à cela, qu'exami-
nant les diuers changemens
que peut auoir fouffert fuccef-
fivement la matiere ou l'affemblage de tous ces corps, Monfieur Defcartes montre, qu'il fe
peut eftre formé plufieurs maffes de differentes grandeurs
d'une figure approchante de
celle de la terre , au deffus def-

quelles il fait voir, qu'il a deu
reſter quantité de particules,
les unes ſemblables à celles qui
compoſent l'eau, & les autres
ſemblables à celles qui compoſent l'air : Que cét amas de
terre, d'eau, & d'air, a deu eſtre
meſlé & entouré d'vn nombre
preſque infiny de ces petits
corps faits en globules, & de
ces autres plus ſubtils qui en
doivent remplir les intervales:
Et qu'enfin Monſieur Deſcartes repete ſouvent, que Dieu
entretient dans un mouvement
continuel cette matiere ſubti-
le, qui autrement ne pourroit
eſtre meüe.

Or tout cela, ſi vous y prenez garde, n'eſt autre choſe
que d'écrire philoſophique-
ment,

ment, & avec affez d'exactitu-
de pour en faire connoiftre les
moindres circonftances , les
mefmes merveilles que Moyfe
a d'écrites hiftoriquement en
ces quatre lignes. *Dieu crea* Creation
d'abord le Ciel , & la Terre. Or
la terre eftoit inutile & ne ra-
portoit rien , parce qu'elle eftoit
toute couverte d'eaux profon-
des : Les tenebres eftoient fur
toute la face de cét Abîme , &
le Seigneur agitoit une matiere
fubtile au deffus des eaux.

Qui voudra bien examiner
ce qu'a dit le Prophete , verra
que c'eft la mefme chofe que
le Philofophe a tâché d'expliquer.

Que fi on veut fuivre l'un Premier
dans le progrez de fes Raifon- Iour.

A 5   nemens,

nemens, & l'autre dans le progrez de son Histoire; on pourra
juger que c'est de Moyse, que
Monsieur Descartes avoit ap-
pris que la Lumiere a esté faite
avant le Soleil ; du moins on
verra, que cét endroit de la
Genese, qui depuis tant de sie-
cles a mis tous les Esprits à la
torture, se trouve heureuse-
ment expliqué, & suivant la
lettre, par les principes de
Monsieur Descartes.

Moyse ayant fait voir la Terre infertile à cause des eaux qui
l'environnoient, & la matiere
celeste inutile, parce que les
mouvemens n'en estoient pas
reglez ; fait voir ensuite, que
Dieu qui ne fait rien en vain,
commença, pour ordonner
toutes

toutes ces choses, par la creation de la Lumiere. Il s'exprime magnifiquement à son or-
dinaire, & fait parler le Seigneur en cette occasion d'une
façon qui est capable toute seule de persuader, que c'est le Seigneur mesme qui le fait parler
ainsi.

Voicy ses termes : *Dieu dit
que la Lumiere soit , & la Lumiere fut.* Il ajoute, Que le Seigneur trouva son Ouvrage ex-
cellent ; Qu'il divisa la lumiere des tenebres ; & qu'il donna
le nom de Jour à la Lumiere,
& celuy de Nuict aux Tenebres.

Il n'y a personne de bon
sens qui ne voye, que Moyse
ayant exposé , que d'abord

A 6

Dieu

Dieu crea le Ciel & la Terre,
& que des corps affez fubtils
pour eftre appellez Efprits
eftoient portez çà & là , ne
comprenne, que tous les corps
eftoient déja créez : Qu'il en-
tretenoit deflors dans toute la
matiere autant de mouvement
qu'il en conferve maintenant;
& que ce qu'il a fait dans toute
la fuite des fix Jours , n'a efté
que pour ordonner ces corps
déja créez , & pour en regler
tous les mouvemens.

De forte que fi en parlant
comme un Hiftorien, Moyfe a
marqué le premier Jour de
cette ordonnance admirable
par la formation de la Lumiere; cela nous fignifie feulement,
que Dieu difpofa les corps,
com

comme il faloit qu'ils le fuffent, pour produire ce merveilleux effet, ce qui fuffifoit à l'Hiftorien ; mais le Philofophe a
deu expliquer, comment ces
corps ont deu eftre difpofez
pour cela.

C'eft pourquoy choififfant
entre toutes les figures celles
qui pouvoient le mieux convenir aux petits corps qui cau-
fent la Lumiere ; & voyant que
ceux qu'il avoit depeints comme des globules eftans mûs en
certain fens, fatisferoient neceffairement à tout ce qu'on a
reconnu des rayons que fait la
Lumiere ; Monfieur Defcartes
a fuppofé qu'il s'eftoit formé
differens tourbillons de ces petits corps ronds , & que plufieurs

fieurs tournans autour d'un
mefme centre, une partie de la
matiere, qui remplit leurs intervales, s'eftoit raffemblée vers
le centre, d'où elle avoit pouffé
les globules qui l'environnoient; en forte que ce preffement des globules avoit fait de
la lumiere en tous les endroits,
où il s'étoit trouvé vn fuffifant
amas de matiere fubtile.

Mais il ajoute, que comme
en ce commencement, il n'y
avoit pas encore un grand
nombre de ces plus fubtiles
parties dans les centres des
tourbillons, l'action qui pref-
foit les globules ne s'étendoit
pas loing; de forte que les endroits où fon effet ne pouvoit
parvenir, demeuroient en tenebres,

nebres , tandis que les autres étoient déja éclairez ; ce qui convient merveilleusement à l'effet que Moyse donne à la premiere parole du Seigneur, laquelle separa la lumiere des tenebres, dés qu'elle commença de la former : Par là aussi on peut dire , suivant la Genese, que la Nuit estoit où les tenebres estoient restées, & le Jour où la Lumiere avoit commencé.

Il est à propos, M. R. P. que vous observiez, que par ce mot de Lumiere, on ne doit entendre icy que ce qui est cause que les corps, qu'on nomme lumineux , excitent en nous le sentiment qui nous les fait appercevoir, & non pas le sentiment mesme.   On

On confond souvent ces
deux choses , & c'est asseure-
ment de là , que viennent tous
les doutes qu'on a sur ce sujet.
Mais il me semble , qu'en ce
que Moyse a écrit de la Lumiere , il est evident qu'il n'a
voulu parler , que de ce qui se
rencontre de la part des corps,
& non point de l'effet qu'elle
produit dans les sujets capables
d'en avoir le sentiment ; puis-
qu'il est certain , selon ce Prophete, que lors que ce qu'il appelle Lumiere fût creé , il n'y
avoit encore aucune de toutes
les creatures, que l'on croit capables de sentir.

Ie vous prie d'observer en
passant vne seconde chose, qui
est, que ce sentiment que nous

avons

avons à l'occafion des corps lumineux, eft tellement de la part de nôtre Ame, & fe rapporte fi neceffairement au mouvement de certaines parties de nôtre cerveau, que bien fouvent, fans que les nerfs de nos yeux foient excitez par aucun corps lumineux, nous avons le fentiment de la lumiere. Ainfi dans les fonges, le cours fortuit des Efprits émouvant ces parties de noftre cerveau, dont l'ébranlement eft inftitué pour exciter en nous ce fentiment, nous fait voir clairement des objets qui ne font pas prefens : Et par la même raifon ceux, qui marchant dans vn lieu bien fombre, fe heurtent la tefte contre le mur,

font

font fujets à voir mille feux.
D'où nous devons conclure,
que ces mouvemens du cer-
veau , qui n'ont rien de fem-
blable aux penfées qui viennent en l'Ame à leur occafion,
peuvent eftre excitez par d'autres corps , que par ceux qu'on
appelle lumineux. Mais il a
efté fort à propos de ne donner
ce nom qu'à des corps, dont la
figure & le mouvement fuffent
fi proportionnez à la delicatef-
fe de nos yeux , que leurs nerfs
peuffent en eftre ébranlez fans
douleur , & fans danger pour
les autres parties de noftre
corps. En quoy il me femble
que Monfieur Defcartes a merveilleufement bien reüffi , n'e-
ftant pas poffible d'affigner aux
corps

corps lumineux de figure plus propre, que celle qu'il leur donne, ny de mouvement plus convenable, que celuy qu'il leur attribue.

Moyſe raportant ce qui ſe paſſa le ſecond Jour, pour la formation du Firmament, s'ex-prime en ces termes : *Dieu dit, que le Firmament ſoit au milieu des eaux, & qu'il les ſepare les vnes des autres*:Il ajoute qu'auſſi-toſt le Firmament fut fait, & que les Eaux furent ſeparées des eaux, en ſorte qu'il y en eut au deſſus & au deſſous du Firmament ; qu'il appella Le Ciel.

Pour entendre comment les Eaux ont eſté ſeparées les unes des autres par la formation du

Firma

Second Iour.

Firmament, suivant la pensée de Monsieur Descartes , il ne faut que dire ce qu'il croit des Eaux , & ce qu'il croit du Firmament.

Ceux qui ont vn peu leu ce qu'il en a écrit, sçauent qu'apres auoir consideré tous les divers effets de l'eau, il a pensé que les particules qui la composent deuoient estre vnies , longues, & pliantes , & que par cette seule supposition il a rendu raison de tout ce qui arrive à l'eau, soit qu'elle coule , soit qu'elle s'étende dans vn vase , soit qu'on la voye en gouttes , soit qu'elle forme de l'écume , soit qu'elle s'éleve en vapeurs , ou que restée sans mouvement elle paroisse en glace ou en neige.
On

On sçait aussi qu'il suppose qu'il y a eu vn grand nombre de ces particules, fort vnies, & fort pliantes, mélées à d'autres particules, dont la plufpart avoient des figures fi embarraffantes, que leur affemblage ne pouvoit former que des maffes dures.

Enfin, on sçait qu'il fuppofe que ces dernieres particules ont efté la matiere de plufieurs maffes à peu prés femblables à la terre, & comme ces maffes n'ont pû eftre bien folides & bien dures, que par vn extreme preffement des particules rameufes qui les compofent; il eft évident que les particules d'eau, qui y eftoient mélées, en ont efté chaffées, & qu'ainfi les

fuperfi

superficies de ces grandes maffes en ont deu eftre toutes couvertes.

Cela pofé, il faut maintenant
obferver, que felon Monfieur
Defcartes la formation du Firmament n'eft autre chofe, que
le parfait arrangement de tous
les tourbillons, dont j'ay déja
parlé au fujet de la Lumiere:
leur nombre eft fi grand, & l'ef-
pace qu'ils rempliffent fi im-
menfe, que fi le mot de Firmament, felon la plus veritable in-
terpretation, fignifie une vafte
eftenduë; rien ne merite mieux
ce nom que leur affemblage.
Mais comme on ne doit marquer le temps de la formation
de chaque chofe, que par le
moment qui luy donne fa per-
fection;

fection ; Monfieur Defcartes ayant fuppofé, que l'affemblage de tous les tourbillons n'eftoit pas encore bien ordonné, lorf-que la lumiere commença, ny leur mouvement bien libre, ne marque le temps de la forma-tion du Firmament, qu'au mo-ment qu'ils ont efté fi bien aju-ftez, que l'écliptique des uns repondant aux poles des au-tres, ils ont commencé de mou-voir entr'eux d'un mouvement tout-à-fait libre, & tellement concerté, que pas un n'a receu d'obftacle de tous ceux qui l'environnoient.

C'eft en cet inftant que fui-vant fon hypothefe, les maffes qui fe font rencontrées dans le mefme tourbillon où la Terre eftoit, estoit , ont commencé d'en estre separées par la matiere du tourbillon qui s'est coulée entr'elles, & qui les a tenues plus ou moins éloignées du centre, selon la difference de leur grosseur ou de leur solidité. Or comme nous auons remarqué, qu'elles estoient toutes couvertes de leurs eaux, & que la matiere des tourbillons , qui selon cette doctrine est la matiere du Firmament, les a separées de la terre, il a esté vray de dire suivant la mesme doctrine, aussi bien que suivant la Genese , que les eaux ont esté separées des eaux par la formation du Firmament.

Ainsi , Monsieur Descartes qui semble toûjours suivr Moyse

Moyſe , diſpoſe les eaux de
ſorte , qu'il y en a au deſſus, &
au deſſous du Firmament ; car
on ſçait, que ce que le Prophete
appelle en cet endroit le deſſous, eſt la terre que nous habi-
tons , & que tout ce qui en eſt
ſeparé par la matiere celeſte,
ſe peut dire , à noſtre égard,
eſtre au deſſus du Firmament.

Je n'explique pas cela plus
au long , & je n'examine point
combien ces differens Reſer-
voirs d'eaux , que Monſieur
Deſcartes met en differentes
parties du Ciel , repreſentent
bien ces cataractes , dont le
Seigneur tira , dans les jours
de ſa colere , dequoy inonder
toute la Terre.

Je ne fais point auſſi de re-

B flexion

flexion fur les changemens qui font arriuez à la Terre par cette furabondance d'eaux. C'eft peuteftre la caufe des nuages, des pluyes , & de la premiere apparition de cet admirable Phenomene, dont le Seigneur fe fervit , pour affeurer Noë contre les frayeurs d'un nou- veau Deluge, lors qu'il luy pro- mit de fermer pour jamais les cataractes qu'il avoit ouverts pour fa vengence , mais cela nous meneroit trop loing.

Troifié- me Iour.   Au troifiéme jour Moyfe re- marque, que les eaux couvrans tout le rond de la Terre , il fut à propos de les affembler en certains lieux ; afin que les au- tres demeurans à découvert, elle pût produire des herbes,

des

des plantes , & des arbres de tout genre. Il dit, que la mesme parole qui avoit operé les merveilles des jours precedens, opera encore celle-là. A quoy il ajoûte, que ce qui parut à sec, fut appellé Terre , & que l'assemblage des eaux, fut appellé Mer.

Or il est évident que si la Terre fut demeurée parfaitement ronde, les Eaux n'auroiét pu estre assemblées en des endroits, pour en laisser d'autres à sec. Ainsi il faut croire , que le mesme jour qui vit la separation des eaux sur la Terre, vit aussi la formation des colines & des montagnes ; & que certaines parties de la Terre s'élevans au dessus des autres, laisserent ferent des valées entr'elles pour liét aux eaux , & des creux au deſſous de leurs élevations, pour recevoir une quantité d'eau , approchante de celle qui ne devoit plus paroiſtre: C'eſt ainſi que Monſieur Deſcartes explique la choſe. Il explique auſſi comment la Terre a pu produire les herbes , les plantes & les arbres , & comment les differens ſucs qui ſont agitez dans le ſein de la Terre, s'inſinuent dans les diuerſes ſemences , dont les pores ſont ajuſtez à leur figure.

Je vous prie en cet endroit, M. R. P. de remarquer , que Moyſe ne dit point, que Dieu ait fait d'ame pour les plantes; il dit ſeulement , que la Terre rendue

rendue feconde par la parole
du Seigneur, les a produites.
Cependant les Philofophes, qui
ont toûjours eu recours à des
ames, quand ils ont voulu expliquer les effets de certains
corps organiques, dont ils ne
pouvoient démêler les refforts,
en ont donné une à chaque
plante. Ils ont creu qu'il eftoit
impoffible d'expliquer la vegetation fans cela : Mais Monfieur Defcartes fans rien ajoûter
à l'Ecriture où Moyfe a parlé
des plantes, de leurs femences,
de leur accroiffement & de
leurs fruicts fans y parler d'ame,
a creu qu'il n'en faloit point
fuppofer pour rendre raifon de
leur nourriture, & il a montré
fi clairement, que la vegetation

fe

se faisoit par le mouvement lo-
cal des parties qui arrivent de
nouveau, & par le rapport de
leur figure avec les pores de la
plante, à l'accroissement de
laquelle elles sont propres, que
je crois pouvoir assurer, qu'il n'y
a aucune personne un peu acoû-
tumée au raisonnement qui
n'avoüe, apres avoir examiné
ce qu'il dit sur ce sujet, qu'il ne
reste pas la moindre apparence
de soûtenir, que les plantes
ayent des ames.

Vous sçavez pourtant que
quelques-uns veulent encore
soûtenir qu'il y a des ames ve-
getatiues ; mais enfin M. R. P.
qui les peut autoriser ? ce n'est
pas la Raison : Elle persuade à
tous qu'il ne faut point multi-
plier

plier les Eſtres ſans neceſſité,&
puiſque l'on reconnoiſt mani-
feſtement , que la figure & le
mouvement peuvent eſtre les
cauſes entieres de la vegetation , il ne faut pas inutilement
recourir à des ames.

Ce ne peut eſtre auſſi l'auto-
rité,ny des hommes , ny de l'E-
criture ſainte : car celle des
hommes ne peut eſtre conſide-
rable contre l'evidence des no-
tions naturelles , & contre les
experiences par leſquelles cette
erreur eſt convaincue. Pour
celle de l'Ecriture ſainte , il eſt
manifeſte qu'elle n'eſt pas pour
eux , & l'on n'y voit rien qui
approche de ce qu'ils veulent
attribuer aux plátes,ny de cette
ame qu'ils appellét vegetative.

B 4   La

La quatriéme parole forma deux grands luminaires dans le Firmament, pour divifer entierement le Jour de la Nuit , & marquer la differéce des Jours, des Saifons, & des Années. La mefme parole forma auffi les Etoiles fuivant l'Hiftoire de Moyfe.

Monfieur Defcartes expliquant cela par les moyens naturels , dit que les tourbillons differens, qui s'étoient formez de toute la matiere celefte, ayant efté ajuftez les uns aux autres , comme il eftoit plus commode pour la continuation de leurs mouvemens , il coula tant de la matiere la plus fubtile vers le centre de chacun, par le preffement des globules

bules qui tendoient à s'en éloi-
gner, qu'enfin chacun des tourbillons eut au milieu de soy
une si grande quantité de cette
matiere, qu'elle fut capable de
repousser les globules jusques
aux extremitez du tourbillon,
& former par cette action des
rayons, comme ceux dont l'ef-
fort nous fait voir le Soleil si
brillant.

Il ajoûte, que cette matiere
subtile assemblée au centre de
chaque tourbillon peut avoir
assez de force pour pousser les
globules des tourbillons voi-
sins, & pour y rendre son action
sensible. Si bien que selon cet
Auteur, ce brillant amas de
matiere subtile, qui se forma
dans le centre du tourbillon,

B 5   où

où la Terre eſtoit , fut à ſon égard le plus grand Luminaire, ou ſi vous voulez , le Soleil: Ceux qui ſe formerent dans les autres tourbillons furent les Etoiles; & celle de toutes les grandes maſſes, qui ſe trouva la plus proche & la mieux diſpoſée à repouſſer vers elle la lumiere du Soleil, fut le moindre Luminaire , ou ſi vous voulez la Lune. Ie n'en dis pas davantage , & l'on ſçait ſi communement , que la difference des Jours, des Nuits, & des Saiſons vient de la differente ſituation, où ſe rencontrent la Terre , le Soleil, & les autres Aſtres, que je ſerois ennuyeux de repeter icy ce que Monſieur Deſcartes écrit ſur ce ſujet.

Le

Le cinquiéme Jour Dieu dit: *Que les Eaux produisent tout Reptile ayant ame vivante, & tout Volatile.* Et le sixiéme, il dit: *Que la Terre produise ame vivante selon son genre, Reptiles & Bestes.* Je n'ajoûte pas le reste, car il suffit de dire que Dieu le voulut pour faire entendre que cela fut ainsi.

Cet endroit nous apprenant, que si l'on peut dire, que les Poissons & les autres Bestes ayent des ames, ces ames sont produites par les eaux ou par la terre : Monsieur Descartes a creu avec raison, que ce qu'on appelle ame icy, n'est autre chose, que des petits corps ajustez de sorte aux organes des Poissons & des autres Bestes,

qu'ils

qu'ils les font croiftre, vivre & mouvoir.

Il a merveilleufement expliqué à ce fujet la circulation du fang ; la maniere dont il s'échaufe dans le cœur ; comme il coule dans les arteres , dont les pores differens laiffent échaper des particules , que leur figure rend propres à la nourriture des membres ; & comment les plus delicates parties de toutes fe dévelopent des autres pour monter au cerveau, d'où elles fe diftribuent dans les mufcles , & vont fervir au mouvement de tout le corps.

Il explique fi nettement toutes ces chofes par la feule figure, & le mouvement des petits corps, & par la difpofition des organes , qu'il n'en peut rester aucun doute. Et afin que l'on ne s'étonne pas de ce qu'il dit de la ferveur du sang , dont il fait le ressort principal de toutes ces fonctions, qu'on appelle ordinairement vitales & animales ; il prouve que cela doit necessairement arriver par les corps , sans qu'il soit besoin d'aucune ame , ajoûtant à ses raisonnemens l'exemple de certaines liqueurs, qui sont froides au toucher quand elles sont separées, & qu'on voit s'échaufer tout d'un coup jusques à boüillir , dés qu'elles sont mélées ensemble. Comme cette ferveur arrive aux liqueurs, qu'on ne soupçonne pas d'avoir des ames, Monsieur Descartes

n'a

n'a ce me semble rien étably que de raisonnable , quand il a dit, que la ferveur du sang, jointe à la disposition,& au rapport des organes , pouvoit sans ame causer la nourriture,& le mouvement des Bestes.

Il me semble mesme qu'il a eu raison, voyant que ce que la Vulgate appelle ame vivante, estoit produit par les eaux , ou par la terre , de croire que ces sortes d'ames n'estoient que des corps : Et veritablement il y a tant de passages par où l'on peut connoistre que ça esté la pensée de Moyse , qu'il est étonnant de voir,que quelques uns en doutent encore.

Je vous fatiguerois M. R. P. de vous les rapporter tous,mais je vous supplie de faire un peu de reflexion sur le dixseptiéme Chapitre du Levitique, vous y verrez parfaitement ce qui anime la chair & les Bestes; *Anima omnis carnis in sanguine est.* Le Prophete dit , que *L'ame de toute chair est dans le sang :* & c'est ce que dit Monsieur Descartes. Mais dans le Chapitre douziéme du Deuteronome, Moyse use d'un autre tour pour faire entendre que les Bestes n'ont point d'autre ame que le sang. *Hoc solum caue ne sanguinem comedas; sanguis enim eorum pro anima est.* Prenez garde, dit-il, *de n'en pas manger le sang, car leur sang est leur ame* ; Et afin qu'on l'entende mieux encore; il ajoûte : *Et idcirco non debes*

debes animam comedere cum car-
nibus, sed super Terram fundes
quasi aquam. Et cela estant,
dit-il, *vous n'en devez pas man-*
ger l'ame avec les chairs, mais
vous la verserez en terre comme
de l'eau. N'est-il pas vray M.R.
P. que ces ames que la terre
produit, que l'on peut manger,
& que l'on peut répandre sur
la terre comme de l'eau, ont
grand droit d'estre comptées
entre les corps?

Je demeure bien d'accord
que le sang, quand il est échauf-
fé s'exhale en parties fort deli-
eates, & que ce sont ces parties
delicates, qui font la nourriture
& le mouvement. Mais quelques delicates qu'elles soient,
ce sont des corps, & elles ne
tiennent

tiennent pas plus du spirituel, que la flamme qui est composée de parties encore plus subtiles, & qu'on ne s'est jamais avisé d'appeller spirituelle.

Je m'étonne, pour moy, que ceux qui ont donné des ames à tout ce qui se nourrit, n'en ont pas donné à la flamme, qui convertit en elle tous les corps ausquels elle s'attache : Et pour mieux dire, je m'étonne comment on a pu attribuer à des ames la cause de la nourriture & du mouvement, veu qu'on ne voit que les corps capables d'estre mûs, & que la nourriture n'est qu'une addition de corps à d'autres corps. Mais sans donner tant au Raisonnement, n'est-il pas visible M. R. P. que Moyse,

Moyſe , qui en doit eſtre creu, ne reconnoiſt pour cauſe du mouvement & de la nourriture des Beſtes , que le ſang ? Je ne penſe pas que cela ſe puiſſe con-teſter par ceux qui voudront prendre la peine de l'examiner.

Mais afin que vous connoiſ-ſiez mieux la force de tous ces paſſages, que je n'ay pris juſques icy que ſelon la Vulgate, & qui ſuivant cette verſion ne laiſſent aucune difficulté, bien qu'on y ait employé le mot d'ame ; je me veux ſervir d'un moyen qui ſera puiſſant ſur voſtre Eſprit, & qui pourra vous perſuader mieux que tout autre.

Vous ſçavez plus d'une lan-gue , M. R. P. & entr'autres vous ſçavez l'Hebreu que je ne
ſçay

fçay pas : Cependant je vous diray qu'il y a quelque temps, que faisant reflexion fur cet endroit de l'Ecriture, où il eft parlé de l'ouvrage du cinquiéme Jour, & de celuy du fixiéme; il me parut tant de difference, entre la maniere dont la formation des brutes & celle de l'homme a efté faite, que je crûs (quelque mot dont on fe foit fervi dans la Vulgate) qu'il faloit que l'on euft employé dans l'Hebreu des termes fort differens.

Je voyois que la Vulgate dit, que les brutes ont une ame vivante, & qu'elle employe le mefme mot pour fignifier la vie de l'homme ; Mais je voyois qu'outre cette ame vivante,

que

que la Vulgate attribuë à l'homme commè aux brutes, elle
ajoûte qu'il a esté fait à l'image
de son Auteur, que je sçavois
estre un pur Esprit. D'où je con-
cluois que cette ressemblance
ne se pouvant tirer du corps,
puisque son Auteur n'en a
point, il faloit necessairement
qu'elle se tiraft de quelque chose d'un Ordre superieur, & en
un mot, de l'Esprit. A cela je
joignois ce que la Vulgate exprime en parlant de l'homme
au second Chapitre de la Genese, où je voyois que le Seigneur qui l'avoit fait vivant
comme les Bestes, luy avoit inspiré quelque chose que les
Bestes n'avoient pas, & qui me
sembloit devoir estre en luy le
principe

principe d'une vie toute differente de la leur, & la cause de cette avantageuse ressemblance qu'il devoit avoir avec son Auteur.

Toutes ces choses me persuadoient déja beaucoup à l'avantage de l'homme : mais croyant que je pourrois mieux découvrir le sens de ces passages, en me les faisant expliquer sur l'Hebreu ; j'eus recours à Monsieur de Compiegne, que l'on connoist pour le plus habile que nous ayons en cette langue. Je le priay de me faire la version du premier & du second Chapitre de la Genese, & dans cette version j'ay trouvé la preuve entiere de ce que j'ay toûjours pensé, & de ce que
Monsieur

Monsieur Descartes avoit écrit
sur ce sujet. Car j'ay veu, qu'à
l'endroit de la generation des
Poissons, & des autres Brutes,
où la Vulgate dit, que l'eau &
la terre ont produit des ames
vivantes, mon Traducteur dit,
que la terre & l'eau ont produit
des individus vivans ; ce qui
porte un beau sens, & fait que
la chose s'exprime d'une maniere bien plus concevable : car
il est fort intelligible que la
terre & l'eau ayent produit des
individus vivans, c'est à dire,
qu'elles ayent esté ajustées de
sorte, par la main puissante du
Seigneur, qu'elles ayent formé
des corps organiques, qui estás
propres à la nourriture & au
mouvement, en quoy consiste
toute

toute la vie des corps , ont deu eftre appellez vivans ; mais qui ne pouvans eftre divifez fans eftre entierement détruits, ont deu eftre appellez Individus.

En fecond lieu , je vois à l'endroit où il eft parlé de la formation de l'homme , que non feulement il a efté formé de boüe par les mains du Seigneur, & qu'il eft devenu par ce moyen un Individu vivant comme les Beftes , mais outre cela je vois qu'avec cet Individu, ou corps organique qui le fait nourrir & mouvoir comme les Beftes, il a receu une autre chofe que mon Interprete appelle *Mentem* , & que j'appelle Efprit, ou Penfée.

Tellement que comme il n'eft

n'eſt point parlé d'ame pour les plantes dans la verſion Vulgate, ainſi que je l'ay remarqué, il n'en eſt point auſſi parlé dans l'Hebreu pour les Brütes. Il n'eſt point dit non plus qu'elles ayent de ſentiment (ce que je vous prie encore d'obſerver.) mais ſeulement il eſt dit, qu'elles ont la vie & le mouvement. Et parce que cette vie & ce mouvement dependent de l'arrangement, & de la correſpondance de pluſieurs organes, dont la diuiſion empeſcheroit l'effect ; Moyſe pour ſignifier cet aſſemblage par un ſeul mot, uſe de celuy de נֶפֶשׁ qui veut dire individu.

Mais ce que nous devons ſur tout conſiderer, c'eſt que le

mesme Prophete veut si bien
faire entendre , que l'homme
a un corps organisé comme les
brutes , & que ce corps vit par
les mesmes principes qui font
vivre les brutes, qu'apres avoir
dit , que l'Individu de chaque
Beste fut produit par l'eau ou
par la terre , il dit que celuy de
l'homme fut aussi formé de
boüe. Et pour nous faire concevoir que cette boüe qui estoit
auparavant divisible sans peril,
fut arrangée de sorte qu'elle
devint un individu , comme
chacun des autres corps vivans;
Il s'exprime par le mesme mot
dont il s'est servi en parlant des
Bestes ; Et en mesme temps il
ajoûte, que le Seigneur inspira
à cet individu vivant , dont il

C

vouloit

vouloit faire un homme , une chofe qu'il exprime par le mot de נְשָׁמָה qui veut dire Efprit ou penfée.

Cela me paroit fi fort, M.R. P. qu'il ne me femble pas qu'il puiffe refter aucun fcrupule fur ce point, touchant ce que nous avons à croire d'orefnavant des brutes & de l'homme. Moyfe nous fait concevoir clairement, que les brutes vivent & meuvent, parce que le fang , & l'ajuftement de leurs organes, fait de chacune d'elles un corps individu , qui demeure propre à ces deux effets , tandis que fon arrangement dure : Pourquoy leur attribuer autre chofe que ce corps individu, qui peut rendre raifon de leur vie, & de leur mouvement?

D'ailleurs , le Prophete ne dit point qu'elles ayent de fentiment. Pourquoy feignõs nous qu'elles en ayent ? ou du moins quel danger y a -t'il d'affûrer qu'elles n'en ont pas ?

Enfin cet homme infpiré de Dieu pour noftre inftruction, nous apprend que les brutes n'ont que ce que le corps peut avoir , & que nous avons un corps comme elles. Mais il ajoûte, qu'avec cela nous avons un Efprit, ou fi vous voulez une ame , que l'on fçait eftre feule capable de fentir, de juger , de vouloir , & de toutes les autres façons de penfer. Pourquoy d'onc n'affûrerons - nous pas que les brutes n'ont que le corps , & qu'elles ne fentent

C 2   point?

point ? Et pourquoy ne dirons nous pas, qu'avec un corps semblable à celuy qu'elles ont, qui ne nous fait point reſſembler à noſtre Auteur, nous avons une ame, qui nous donne le merveilleux avantage de luy reſſembler, autant que cela peut convenir à des creatures.

Apres cela, M. R. P. ſi vous me dites encore, que l'opinion de Monſieur Deſcartes eſt dangereuſe, en ce qu'elle fait vivre & mouvoir les brutes ſans ame; je vous repondray que l'hiſtoire de Moyſe eſt donc bien dangereuſe, puis qu'elle nous apprend la meſne choſe.

Mais ſi apres avoir veu, combien Moyſe ſepare en l'homme ce qui le fait vivre & mouvoir, d'avec d'avec ce qui le fait penſer, vous examinez comment le Symbole de Saint Athanaſe, que nous liſons tous les jours comme la Regle de noſtre Foy, definit l'homme, vous verrez qu'il dit, que la chair, & l'ame raiſonnable, le font tout ce qu'il eſt ; Il ajoûte, que comme ces deux ſubſtances toutes diffe-rentes qu'elles ſont, ne font qu'un meſme homme ; ainſi Dieu & l'Homme ne font qu'un meſme Chriſt. Mais comme en JESUS-CHRIST il n'eſt pas permis, quelque que ſoit l'u-nion de ſes deux natures, de les confondre pour attribuer à l'u-ne ce qui vient de l'autre ; Il y a toûjours un extrême danger de confondre dans l'homme

C 3

les

les deux ſubſtances qui le compoſent, & les fonctions qui dependent de chacune d'elles.

Ceux qui donnent au corps
le ſentiment, ou d'autres perce-
ptions qui ne peuvent convenir
qu'à l'ame , ſon ſujets à croire,
que l'homme, côme les beſtes,
n'a que le corps. D'autre coſté
ceux qui penſent, que l'ame eſt
ce qui cauſe la nourriture & les
mouvemens en l'homme, ſont
ſujets à croire que les beſtes,
qui ſe nourriſſent & ſe meuvent, ont une ame comme luy;
& quand il n'y a plus de difference entre les ames que du
plus au moins, il y a un Axiome
qui diſât que le plus & le moins
ne changent pas l'eſſence , fait
qu'on s'acoûtume bien-toſt à
croire,

croire , que si tout perit en la beste par la mort , il ne reste rien aussi de l'homme quand il a perdu la vie.

Pour moy, M.R.P. je ne doute nullement que ce qui s'est dit des ames vegetatives, & des ames sensitives qu'on attribue aux plantes & aux bestes , n'ait fait croire aux Impies, que celles qu'on attribue aux hommes, pouvoient estre de mesme nature.

Si ma Lettre n'estoit déja trop longue , je pourrois vous expliquer les plus étonnantes fonctions des Brutes , par la seule construction de leurs organes , comme on vous explique toutes les operations d'une Montre , par l'arrangement de

      ses

ſes parties , & vous montrer
qu'il n'y a de difference entre
les machines artificielles, & les
naturelles , qu'en ce que l'Auteur de la Nature eſt plus grand
ouvrier que les hommes , &
qu'il a ſceu appliquer les unes
aux autres des parties plus delicates & plus mobiles , que ne
font celles dont nous compo-
ſons ordinairement nos machines. Je pourrois auſſi vous dé-
montrer qu'il n'y a rien qui
nous ſoit connu dans les Brutes , meſme dans le Singe, que
l'on ne puiſſe expliquer par le
corps ; & qu'en l'Homme il y a
des penſées, que toutes les di-
verſitez qu'on peut imaginer
dans les figures & les mouvemens ne peuvent expliquer.
Mais

Mais je passerois le Dornes que je me suis prescrites, & il me suffit de vous avoir fait voir, que Monsieur Descartes a toûjours suivi Moyse, pour vous faire avoüer, que sa Philosophie n'a rien de dangereux.

Je veux pourtant bien vous avoüer que la formation du Monde, selon Monsieur Descartes, semble avoir quelque chose de different de celle de Moyse. Mais quand vous aurez consideré le dessein du Prophete, & celuy du Philosophe, vous avoüerez, que cette difference ne doit pas faire dire, que l'un se soit détaché de l'autre.

Moyse a sans doute expliqué la chose comme elle s'est faite. Il a fait créer la Terre, les Eaux,

 les

les parties Celestes, puis la Lumiere, & le reste : En sorte que quand le Soleil a esté formé, la Terre estoit déja enrichie de fruits , & parée de fleurs. Au lieu que Monsieur Descartes fait le Soleil cause , non seulement des fruits & des fleurs, mais encore de l'assemblage de plusieurs parties assez interieures de la Terre. Il ne la fait mesme former que long-temps apres le Soleil, bien que l'Ecriture marque , qu'elle a esté creée long-temps auparavant.

Mais il faut prendre garde à deux choses. La premiere est, que Monsieur Descartes luy-mesme a dit, que son hypothese estoit fausse, en ce qu'il suppose, que la formation de chacun

des

des Estres s'est faite successive-
ment; & qu'il assûre, que cette
maniere estant peu convenable
à Dieu, il faut croire, que sa
toutepuissance a mis chaque
chose dans l'estat le plus parfait
où elle pouvoit estre, dés le premier moment de sa production.

La seconde est, que Monsieur
Descartes n'a deu, comme Philosophe, expliquer que la raison
pour laquelle les choses se conservent comme elles sont, & les
effets differens que nous admirons maintenant en la Nature.
Or comme il est certain , que
les choses se conservent natu-
rellement par le mesme moyen
qui les a produites ; il estoit necessaire , pour éprouver si les
Loix qu'il suppose, que la Na-
C 6 ture

ture fuit pour fe conferver, font veritables, qu'il examinât fi ces mefmes Loix euffent pû la difpofer comme elle eft : Et trouvant que felon l'Hiftoire de Moyfe mefme, bien que le Soleil ait efté formé depuis la Terre ; c'eft neanmoins par le Soleil que Dieu conferve la Terre comme elle eft maintenant , puifque fa chaleur eft caufe de toutes les productions, & de tous les changemens qui arrivent en elle : Il faloit que Monfieur Defcartes montrât que ce mefme Soleil auroit pû la mettre en l'eftat où nous la voyons , fi Dieu ne l'y avoit mife en un inftant par fa toutepuiffance.

A la verité, la maniere dont

Monfieur

Monsieur Descartes décrit que le Soleil a disposé la Terre, est successive, ce qu'il avoüe, ainsi que je l'ay déja remarqué, estre peu convenable à Dieu quand il produit. Mais enfin, comme ce que Dieu fait en conservant le Monde, est successif, & le doit estre, afin que chaque chose ait une certaine durée; il a esté à propos que nostre Philosophe examinât si les principes qu'il établissoit pour rendre raison de la durée de tous les Estres naturels, auroient pû les produire par succession de temps: ce qu'il a executé avec une justesse qui me paroit incomparable. Ainsi Monsieur Descartes n'a rien fait en cela qui soit contraire au dessein de Moyse.

Moyse

Moyse sçavoit que c'est par le Soleil que Dieu conserve la Terre & les Estres naturels, du moins ceux qui sont les plus proches de nous : mais de peur qu'on ne creût que cet Astre fût la cause de tout, ce Prophete a voulu precisement, que l'on sceût que la Lumiere, qui est celle de toutes les creatures qui depend le plus du Soleil a esté faite avant luy : & cela estoit necessaire pour marquer à ceux qui sçauroient ces merveilles, que Dieu les a toutes operées par sa seule volonté ; & que s'il les conserve maintenant avec une espece de dependance entr'elles, neanmoins elles ne se doivent point l'estre ny la conservation les unes aux autres, mais à Dieu seul.

De son costé, Monsieur Descartes , qui avoit à expliquer cette correspondance que Dieu a mise entre les Estres naturels, & qui devoit rendre raison par le Soleil , de tout ce qui se fait dans la partie du Monde qui nous est la plus connue, ne pouvoit mieux nous faire entendre, combien le Soleil est bien disposé par la premiere Puissance à entretenir l'état naturel de tout ce que nous voyons, qu'en montrant , que suivant cette mesme disposition , le Soleil auroit pû mettre par succession de temps nostre Monde en l'estat où il est, s'il n'avoit esté plus à propos de former toutes les creatures dans un ordre tout contraire à celuy que desiroit

la

la dependance qui eſt maintenant entr'elles , & de former
chacun des Eſtres d'une maniere , qui fît connoître que
comme l'Auteur du Monde
n'avoit eu beſoin de rien pour
tout faire , il n'avoit pas beſoin
de temps pour produire aucune
des choſes que nous admirons.

Enfin M. R. P. ſi vous conſi-
derez , que cette Sageſſe , qui
mit le premier homme en ſon
eſtat le plus parfait dés le mo-
ment de ſa production , ſoûmit
ſa conſervation aux meſmes
Loix dont elle a fait dependre
la formation de ceux qui ſont
nez de luy , & que pour bien
connoître la nature de l'Homme, il ſeroit bien plus commode
d'examiner les differens changemens

gemens qui arrivent en la fe-
mence , depuis la conception
jufques à la naiffance de ceux
qui font engendrez, que d'examiner la miraculeufe formation de celuy, que la Toutepuiffance acheva en le cõmençant.
Vous trouverez fans doute,que
pour bien fçavoir fi ce qu'on
penfe des Loix, qui confervent
l'ordre de la Nature, eft veritable ; il n'y a point de meilleur
moyen , que de voir fi elles auroient pû le produire.

Je n'examine pas icy,fi ce que
l'on croit communement de la
ftabilité de la Terre, s'explique
mieux par l'hipothefe de Monfieur Defcartes , que par celles
qui l'ont precedée.

Je n'examine pas auffi,fi elle
eft

eſt plus vraye que les autres. Il a dit luy-meſme, ainſi que je l'ay déja remarqué, qu'elle pouvoit eſtre fauſſe : Et veritablement entre une infinité de moyens, dont Dieu ſe peut ſervir pour faire une meſme choſe , il eſt difficile d'aſſûrer duquel il s'eſt ſervi en effet. Mais il me ſemble , que les hommes ont ſujet d'eſtre contens , quand ils en ont trouvé un qui peut expliquer tous les Phœnomenes, & qui n'eſt pas contraire à ce que l'Ecriture ou l'Egliſe nous propoſent. Monſieur Deſcartes a eu ſi peur de rien avancer qui ne fût pas conforme à ce qu'elles nous preſcrivent, qu'il a ſoûmis expreſſement au jugement de l'une , ce qu'il ſemble avoir

entiere

entierement tiré de l'autre.

Ainsi, quicóque lira ses Ecrits dans le mesme esprit qu'il avoit en les faisant, ne sera point en danger de se tromper jusques à l'Heresie, & sera toûjours prest à reconnoistre ses erreurs, sitost que ceux qui sont preposez pour diriger sa croyance, l'en feront appercevoir. Pour moy, je suis persuadé, que si l'on condamnoit ce que Monsieur Descartes a écrit touchant la maniere dont se font les divers aspects du Soleil & de la Terre, & que si jugeant que ce n'est pas assez de stabilité pour elle, que de demeurer toûjours en repos au milieu de toute la matiere celeste qui se trouve entre le corps de la Lune & le sien, on

venoit

venoit à decider, que le cercle, que Monſieur Deſcartes fait parcourir à toute cette matiere en un an autour du Soleil , eſt contraire à ce qu'on doit croire du repos de la Terre , ſes plus grands Sectateurs imitans ſa ſoûmiſſion, ſe ſoûmettroient les premiers. Car enfin comme ils ſçavent par des demonſtrations evidentes , non ſeulement que c'eſt Dieu qui eſt cauſe du mouvement de la moindre portion de matiere , mais encore que c'eſt ſa main toute-puiſſante qui la conduit par tout; il leur ſeroit bien plus aiſé qu'à d'autres , de concevoir que cette meſme main peut diriger les mouvemens du Soleil & de toute la matiere celeſte autour de la Terre,

Terre, sans qu'elle en reçoive
le moindre ébranlement.

Au reste, je crois ne pouvoir
trop repeter que M. Descartes
n'a pas pretendu, que son hypothese fût veritable en general,
& mesme qu'il a reconnu qu'elle estoit fausse en certaines choses. Mais encore un coup j'estime qu'il a eu raison de penser,
qu'il estoit permis aux hommes
de faire des suppositions , &
qu'elles estoient toutes receva-
bles , pourveu qu'elles satisfif-
sent à toutes les apparences, &
qu'elles ne fussent pas contrai-
res à la Religion.

Vous trouverez, M. R. P. en
quelqu'une de ses Lettres, qu'il
s'est mis fort en peine, lors qu'il
a voulu avancer certaines pro-
positions

positions, de sçavoir si elles n'a-
voient pas esté condamnées par
la Chambre de l'Inquisition de
Rome ; c'est par les motifs de
cette pieuse crainte, qu'il dedia
ses Meditations à Messieurs de
Sorbonne : Et enfin il paroist
dans toute sa conduite , qu'il
n'eût pas voulu pour toute la
science du Monde, & pour toute la gloire qui en peut revenir,
courir le hazard , je ne dis pas
d'un anatheme , mais de la
moindre censure. Je vous diray
encore que je pense connoître
une partie des meilleurs Esprits
qui sont le plus attachez à ses
sentimens , Et je n'en connois
point qui n'abandonnât sa doctrine, si elle estoit censurée. Je
ne sçay s'il en arriveroit de mesme

me à ceux qui suivent Aristote,
si l'on condamnoit ses opinions
de nouveau; Je dis de nouveau,
car vous sçavez , M.R.P. qu'elles l'ont esté par les Loix , &
mesme par un Concile. Cependant, quoy que depuis on n'ait
rien changé aux Canons sur
cette matiere, plusieurs s'imagi-
nent le pouvoir suivre de bône
foy. Mais insensiblement je passerois les bornes que je me suis
prescrites: Mõ principal dessein
n'est pas de blâmer Aristote; je
veux seulement justifier Monsieur Descartes, & je pense l'a-
voir fait suffisamment. Je suis,

MON REVEREND PERE,

Voftre humble & tres-
obeïssant serviteur.

De Paris le 5. Novembre 1667.

www.ingramcontent.com/pod-product-compliance
Lightning Source LLC
Chambersburg PA
CBHW051118050726
47594CB00003B/845